A

MONSIEUR

LE VICOMTE DE CORMENIN.

Paris, Imp. de Lacour et C., rue St-Hyacinthe-St-Michel, 33.

A

MONSIEUR LE VICOMTE

DE CORMENIN.

FAITS ET RAISONNEMENTS.

PARIS.

F. MOREAU, LIBRAIRE,

Palais-Royal, Péristyle Valois, 182-183.

Ancienne Librairie Delaunay.

—

1845.

I.

A Timon.

Ah! vous êtes dévôt, et vous vous emportez!
Molière.

Que nous veut ce cri de guerre : *Feu! feu!*

Quoi! Monsieur, vous, de votre nature si doux, si prudent, si retenu, vous vous êtes fait pamphlétaire!

Quoi! Monsieur, pamphlétaire politique, vous vous êtes contenté de pincer un peu fortement à l'oreille ceux qui nous conduisent, pour les ramener dans leur chemin, ou leur rendre charitablement par la souffrance le sentiment de leur dépendance et de leur esclavage constitutionnels; et du jour où vous vous trouvez dévot, l'hyperbole, la gradation, l'exclamation, l'accumulation et toute l'artillerie de la rhétorique ne vous suffit plus. L'arme de votre piété, c'est le mousquet, quand la pointe acérée d'une plume trempée dans le fiel suffisait à votre colère politique !

Votre charité a soif de sang et de carnage.

Vous rêvez une Saint-Barthélemy de conseillers-d'état, de procureurs-généraux, d'universitaires et de gallicans.

Vous êtes dévot, et vous prêchez la guerre.

Vous êtes dévot, et vous ordonnez l'attaque et la persécution.

Vous êtes dévot, et au lieu d'attendre les injures et de les souffrir, vous les jetez à la face de vos adversaires.

Ah ! la belle chose que la dévotion.

Mais, de grâce, Monsieur, suspendez le feu, posez là le mousquet, et daignez écouter quelques mots de paix et de conciliation.

Vous vous faites gloire de combattre aujour-

d'hui pour les principes que vous avez pro-
fessés en 1817 et en 1825.

Peut-être bien cette prétention paraîtrait-
elle assez étrange à des esprits prévenus ou
qui manqueraient de la pénétration néces-
saire à ces sortes de distinctions délicates;
mais passons.

Vous vous vantez de n'avoir jamais com-
battu que pour les opprimés, de vous être fait
le champion de l'infortune, le courtisan du
malheur.

C'est là un rôle noble, s'il en fut, et que
tout l'esprit de Cervantes ne saurait rendre
ridicule aux yeux des honnêtes gens. Mais
cette haute prétention a servi de masque à
bien de petites passions. Les faiblesses et les
apostasies de plus d'un chevalier errant de la
politique, ont jeté dans les esprits quelques
doutes à l'endroit de leur sincérité. Enfin, la
vanité littéraire, l'ambition de la popularité,
l'amour du scandale, ont souvent percé à tra-
vers les trous de ce noble manteau. Cepen-

dant, à Dieu ne plaise que je vous chicane sur tout cela.

Ayez raison, Monsieur, et je vous quitte du reste. Que me fait l'homme, si son opinion est vraie.

Prenez un principe légitime et juste ; exposez-le en termes clairs et précis, prouvez-en l'excellence par des raisons concluantes, et me le persuadez à moi qui ne poursuis que la vérité ; peu m'importe après cela que vous ayez été napoléonien en 1810, légitimiste en 1826, démocrate en 1832, et que vous vous trouviez ultra-catholique en 1845 ; peu m'importe que vous ayez sollicité tour à tour, un majorat avec le titre de vicomte, celui de baron ne vous suffisant plus ; la popularité en jetant votre écusson aux orties du fossé ; la canonisation en vous donnant pour catholique apostolique et romain.

Après avoir spirituellement raillé le *cumul*, vous voulez vous parer à la fois de la blouse du démocrate et de la blanche robe du néophyte et martyr ! — A votre aise.

Vous n'êtes ni ultramontain, ni gallican?
— Tant mieux, vous serez plus poli et moins couard.

Mais vous êtes catholique et vous ne laisserez pas *arracher de votre cœur la religion du Christ avec les conséquences de sa foi.*

— Qui y pense, bon Dieu !

Vous ne laisserez pas plus *arracher de votre esprit la souveraineté du peuple.*

— Personne n'y songe.

Gardez-la, Monsieur, *avec les conséquences logiques de son symbole ;* si vous comprenez tout cela, gardez-le.

Cependant, vous avez écrit un petit factum plus éloquent que raisonnable, plus spirituel qu'éloquent, plus acrimonieux que spirituel, où vous voulez établir tout simplement que le gouvernement, le conseil-d'état, M. Dupin, M. Cousin, les gallicans et les universitaires, n'ont d'autre but que de détruire le christianisme, et d'élever sur ses ruines un temple à la superstition qui soit une prison à la liberté.

Je le veux bien encore, quoique cela me semble un peu bien violent, je n'y mettrai qu'une condition, c'est que vous daigniez me le prouver. Avant de faire feu sur ces ennemis déclarés de toutes nos libertés, je voudrais savoir comment il se peut qu'on nous mène les yeux bandés — au despotisme, en priant les clercs de ne pas se mêler aux affaires temporelles où il n'ont jamais fait que tout brouiller — à l'arbitraire, en demandant que toute violation de nos lois soit légalement réprimée.

Vous vous piquez de trop de logique pour n'avoir pas sans doute d'excellentes réponses à faire à cette simple question.

Je sais bien que vous allez m'arrêter au premier mot, et que vous me direz comme aux mille adversaires qu'a fait surgir autour de vous la publication de vos deux derniers pamphlets, qu'il est mal de se cacher dans l'ombre de l'anonyme, pour attaquer un ennemi qui se montre à visage découvert, que puisque vous vous nommez, je dois me nommer aussi et qu'on n'est admis aux honneurs de la lutte que la visière levée.

Mais d'abord, tout cela est une simple métaphore, et quelqu'effet qu'elle produise sur la masse des lecteurs, il ne faut pas trop s'en effrayer.

Dieu, disait Courier notre maître à tous en fait de logique et de style, Dieu, délivre-nous du malin et du style figuré !

Quel besoin a donc votre raison, qu'on lui oppose un nom, un parti, un drapeau et tout l'attirail révolutionnaire ; des épaulettes, des panaches, et toute la défroque militaire de l'empire ; une profession de foi, un Credo et tous les oripeaux de sacristie.

La vérité et la logique sont tout, les partis et les individus, rien.

Par exemple, vous faites-vous l'injure de croire que c'est à M. le Vicomte de Cormenin, député votant avec la gauche, qu'on a prodigué tour à tour les titres également honorables d'homme d'esprit et de niais, d'incorruptible et

de renégat , de grand homme et de rat d'é-
glise, etc., etc.

Vous savez comme moi, Monsieur, que *cet
excès d'honneur et cette indignité*, vous les devez à ce que, avec une logique impitoyable
et sous une forme piquante, vous avez dit des
choses qui flattaient l'opinion de vos lecteurs,
ou la contrecarraient, à ce que vous aviez, selon eux, tort ou raison.

Avisez-vous quelque jour, par impossible, de
déraisonner du tout au tout, ou pour plus de
vraisemblance, supposez qu'un âne prenne la
peau du lion, un sot, votre nom et votre titre. Quelque temps, l'opinion trompée par
l'apparence, hésitera, s'interrogera, se taira ;
mais bientôt tout sera changé, et qu'il prenne
le titre de vicomte ou le nom de Timon, personne plus ne lira votre sosie, ne l'admirera,
ne l'insultera, ce qui est tout un. Et cependant, le nom sera toujours le même. Ce n'é-
tait donc pas au nom que s'adressaient tant
d'éloges et d'injures , c'était à l'opinion , au
raisonnement.

Faites pour les autres ce que vous voudriez qu'on fît pour vous. Ne vous inquiétez s'ils s'appellent Pierre ou Jacques, s'ils portent le froc ou la blouse, s'ils sont pairs de France ou bien ouvriers, si chaque saison leur apporte un habit du grand faiseur ou s'ils usent jusqu'à son dernier morceau un surtout rapiécé de leur main.

Il n'y a pas de beau nom qui vaille une bonne raison.

Lisez donc, si vous avez le temps, jugez et agissez d'après.

Mais ne vous armez pas d'une fin de non-recevoir qui ne sied ni à votre talent ni à votre loyauté.

Sans doute, c'est une obligation étroite pour tout homme de dire ce qu'il juge être une vérité utile, et l'on serait coupable de ne pas mettre à profit ce qui nous reste de liberté pour dire, écrire, imprimer, publier, répandre ce que l'on croit être bon à savoir, mais le devoir va-t-il jusqu'à ajouter à ce sacrifice de notre paresse et de notre repos l'a-

bandon inutile d'une fortune et d'une posi-
tion précaires, je ne le crois pas.

Imaginez, par exemple, et ce n'est pas impossible, qu'il prenne fantaisie à un commis
de M. Martin (du Nord), d'écrire un mot, un
seul mot contre M. de Chartres ou le R. P.
de Ravignan, et de le signer ; aussitôt le voilà,
par ce ministère anti-catholique, mis à la
porte et sans retour.

Qu'un employé de l'Université s'avise d'imprimer un avis autre que celui de l'abbé Des-
garets ou de l'Univers catholique, et l'hérétique, le panthéiste, l'athée M. Cousin lui fera
sans délai accorder un congé indéfini, pour
avoir attaqué quelqu'un ou quelque chose qui
tienne en quoi que ce soit à notre sainte mère
l'église catholique, etc. Et partout, il en est de
même. Le presbytérianisme de M. Dupin n'i-
rait jamais jusqu'à concéder qu'il est permis à
un homme qui n'est pas parfaitement indé-
pendant de dire son avis sur la chose pour
lui la plus intéressante.

En conscience, Monsieur, faut-il, uniquement pour satisfaire à votre amour des réalités individuelles et des luttes corps à corps, renoncer à vivre, sous prétexte qu'on croit avoir le droit de dire son opinion?

Eût-il d'ailleurs raison, l'imprudent serait destitué, on en rirait, et le ridicule est mortel dans notre pays, qui le sait mieux que vous.

Si l'on m'en croyait, les ouvrages ne seraient jamais signés. Que fait un nom à la première page d'un livre; illustre, il sert bien souvent de passeport à des sottises qui font loi; inconnu, il empêche de lire parfois d'assez bonnes vérités.

D'ailleurs, Monsieur, la logique n'a pas de nom; à défaut d'un mot qui ne vous apprendrait rien, tenez vous satisfait d'un raisonnement; prenez toute chose pour ce qu'elle vaut, de quelque part qu'elle vous vienne, et à la raison, opposez la raison.

C'est ce que je veux essayer de faire sans me préoccuper même de tout l'esprit dont vous avez paré vos sophismes, ce qui pourtant est d'une bien autre conséquence.

II.

Du Catholicisme en 1845.

> Les maris, quoique riches et sages suivant le monde, sont en vérité de francs païens devant Dieu.
>
> (PASCAL.)

> Aimez-vous les uns les autres.
>
> Vide si via iniquitatis in me est.

Vous tracez d'abord de notre société un portrait qui doit lui être à peu près aussi agréable que les confidences du miroir à une vieille coquette.

L'homme du 19ᵉ siècle est selon vous un

monstre d'iniquité. Conçu dans le scepticisme, il naît dans l'impiété, grandit dans le culte des appétits sensuels, se nourrit de jouissances grossières et meurt dans l'athéisme. Débauche, cupidité, vanité, ambition sans frein du scandale ou du pouvoir, tels sont les mobiles auxquels nous obéissons tous, excepté vous. Culte du vrai, amour du beau, respect du génie, sont pour nous autant de mots sonores, vides et ridicules. Argent, puissance, plaisir, voilà notre but. Tableau désolant, déshonorant, dont votre rhétorique a chargé les couleurs, mais qui est exact comme un proposition de géométrie, vrai comme un axiôme, mais aussi, vieux comme le monde.

Oui, monsieur, le siècle est :

Un malheureux pécheur tout plein d'iniquités.

Si tout homme pratiquait rigoureusement les devoirs de la justice et qu'on vécût en frères dans la communauté de toutes choses, les femmes exceptées; si la probité universelle supprimait d'un même coup les voleurs, les gendarmes et les avocats ; si les lois devenaient superflues et partant les législateurs ; si nous pouvions voir les abus détruits, et détruits aussi les pamphlets, abus nés des abus ; si l'âge d'or régnait en Europe ou du moins en France, si.... tout serait bien mieux.

Mais il n'en va pas ainsi que nous le souhaiterions. Depuis qu'il y a des moralistes, c'est-à-dire depuis qu'il y a des esprits élevés et chagrins, c'est-à-dire de tout temps, les mêmes tableaux ont été présentés à la raison humaine, là doucement, ici avec violence, tantôt par Démocrite, tantôt les larmes aux yeux, avec ou sans éloquence et jeux de mots ; et l'homme n'est pas encore devenu un agneau sans tache. Il paraît donc que nous sommes venus trop tard pour le redresser et qu'il faut faire notre deuil de l'âge d'or. Cependant, l'humaine nature s'amende de soi petit à petit, et tout bien examiné, cet homme *scélérat et pervers* l'est encore moins aujourd'hui qu'au bon temps de l'Inquisition, de la Saint-Barthélemy, des Dragonnades. Tout en réclamant pour l'intelligence une petite place sur les listes électorales , tout en formant des vœux contre le culte aveugle du veau d'or , il faut reconnaître qu'il est plus facile de compter des écus que de peser l'esprit. Rappelez-vous le mot charmant de Pascal :

« Qui passera de nous deux? qui cédera la place à l'autre? le moins habile? Mais je suis aussi habile que lui. Il faudra se battre sur cela. Il a quatre laquais, et je n'en ai qu'un : cela est visible; il n'y a qu'à compter : c'est à moi à céder, et je suis un sot si je conteste. Nous voilà en paix par ce moyen : ce qui est le plus grand des biens. »

Mieux vaudrait peut-être, ne pas assurer cette paix en asservissant les hommes au soin de leurs intérêts matériels, car celui dont la fortune peut être ruinée par la moindre secousse fera trop de sacrifices au maintien de la paix, si sa fortune est toute sa vie et tout son bonheur. Mais aussi l'esprit est de soi chose remuante et progressive, et l'on comprend sans l'admirer que le propriétaire nouveau d'une vieille maison prévienne par tous moyens à lui possibles, les secousses et tremblements de terre assez fréquents en notre pays.

D'ailleurs, pourquoi ces lamentations sur notre siècle, Timon n'a-t-il pas découvert un germe de régénération, une ancre de salut, un nouveau messie. On a *dissous* l'homme, nous dit-il, mais on n'a pu *dissoudre* la femme. Ce n'est sans doute pas faute de l'avoir tenté, et si l'on a échoué, serait-ce pour la raison que donne le mauvais plaisant du Fabuliste à propos de *la femme noyée?*

Cependant, j'ai grand peur que vous ne vous trompiez, Monsieur, et que les femmes ne soient à peu près *dissoutes.* Je ne veux pas mettre en question le mérite littéraire et sentimental de votre déclamation à propos des femmes. Elles vous liront, n'en doutez pas, même elles vous applaudiront comme vous avez voulu l'être, et leur approbation vaut bien un petit crime de lèse-logique. Toutefois, prenez garde, ces pauvres petites mains doivent commencer à se lasser d'applaudir; l'encens de la louange finira par fatiguer ces têtes frê-

les et charmantes. De grâce, laissez-les se remettre un moment des madrigaux qui leur
pleuvent de toutes parts.

C'est à elles que M. Michelet dédie ses atta-
ques contre les jésuites, à elles que le R. P.
de Ravignan jésuite, verse les flots de son éloquence bourgeoise, à elles que M. Victor Hugo
adresse son galimatias académique ; c'est
pour elles qu'Affnaër vole les RR. PP. de la
rue des Postes qui n'amassaient peut-être bien
tant d'argent que par elles et pour elles.

Dieu leur a donné la pudeur qui fait leur
grâce, la faiblesse qui fait leur force ; le christianisme leur a donné la charité ; nos lois op-
pressives les ont faites fines et astucieuses ;
Werther et Réné, mélancoliques et passion-
nées. L'on était en droit de croire que c'en
était fini et qu'elles n'avaient plus rien à recevoir ; mais on comptait sans vous, Monsieur.
Vous avez confondu et dépassé tout le monde ;
il faudra du temps aux femmes pour se remettre de ce coup d'encensoir et à leurs courtisans,
de cette défaite. Vous leur avez donné plus

que Dieu, plus que la société, plus que les grands et petits poètes réunis, vous leur avez donné la Virilité.

Quoi, Monsieur, y songez-vous?

Oui, la Virilité; mais entendons-nous, celle de l'âme, celle qui n'a pas de sexe.

Prenez garde, vous reculez et par là ouvrez une porte à la flatterie: quelque nouveau venu s'y glissera, renchérira sur vous et vous serez dépassé.

Les hommes ont abdiqué le commandement moral de leur espèce, c'est à la femme de le prendre et de l'exercer. O mâles beautés qui faites des pétitions à la Chambre, jetez votre plume comme votre bonnet par-dessus les moulins; levez un étendard où vous inscrirez en or la phrase de Timon, votre sauveur. Cependant couronnez sa tête de roses, parfumez sa chevelure et par la douceur de vos chants, par le charme voluptueux de vos caresses, endormez sa logique et sa raison, pour qu'il ne s'aperçoive pas qu'il vient de porter une rude atteinte à ses principes les plus chers.

Le souteneur de tous les droits et de toutes les infortunes oublie en poursuivant les rêves d'une vie orientale, le plus saint des droits, le plus déplorable de tous les malheurs. Quoi, Monsieur, l'homme est déchu de sa grandeur morale, il a laissé échapper le sceptre de ses mains, et quand il est à terre, vous aidez à le dépouiller, le malheureux qui n'a d'autre tort que son infortune, d'autre crime que sa faiblesse. C'est pour ordonner une usurpation que vous demandez au Dieu de l'éloquence les foudres du raisonnement et le miel de la persuasion. Que n'aidez-vous plutôt le pauvre à se relever, que ne le soutenez-vous de votre main puissante, *levat ipse tridenti*. Cette noble tâche n'est-elle pas une conséquence de vos principes; ne vous sied-elle pas mieux que de vous joindre aux fades adulateurs d'un pouvoir séduisant et de mêler vos âcres parfums à leur encens nauséabond ?

Amour ! amour ! quand tu nous tiens !

Mais jugeons un peu nos nouvelles souveraines.

Quels sont les êtres privilégiés auxquels l'avenir appartient et que vous appelez à de si hautes destinées ?

Combien d'honnêtes femmes au 19ᵉ siècle ?

Boileau en comptait trois au 17ᵉ; je mettrais ma main au feu qu'il y en a plus que cela aujourd'hui.

Mais combien vivent en dehors de la vie de tous les hommes ; combien seraient dignes de l'inscription romaine :

Elle vécut chez elle et fila de la laine ?

Ce bachelier auquel vous ôtez votre chapeau poliment, n'étant pas ultramontain, ce bachelier, vous ne pensez point qu'il se livre seul à ce plaisir qualifié qui fait le charme de ses soirées ?

Ainsi, voilà une fraction assez considérable de femmes qui menant du matin au soir et *vice versa*, la vie du bachelier, aux mêmes questions feraient les mêmes réponses.

Prenez un ton plus noble et vos plus grandes manières, et allez de grâce poser brusquement ces redoutables questions à une femme du monde; ou elle vous fera un gros mensonge, la pauvre femme, ou elle conviendra que le matin, elle se regarde, et le soir, se fait regarder.

Grisette ou grande dame, c'en est fait de la femme aussi bien que de l'homme. Elle va au sermon, mais elle a une loge à l'Opéra; elle croit au diable, mais elle mord au fruit défendu. Sa religion n'a guère que deux sources peu élevées : désœuvrement et peur.

Quant à celles qui ne sont ni grisettes ni grandes dames; celles-là pour la plupart raisonnent. Oui, Monsieur, le croiriez vous, elles raisonnent.

Causez avec une femme, du célibat des prêtres et de la confession dite auriculaire, je dis une femme que vous ayez tout lieu de croire sincère et qui puisse vous répondre sans embarras, à laquelle vous puissiez tout demander et qui ose tout vous dire, vous m'entendez de reste. Mettez à l'interroger tout l'esprit que vous auriez pu mettre dans votre conversation avec

M. Cousin, c'est un interlocuteur qui en valait bien la peine ; et je suis bien abusé, ou vous verrez que là encore, il y a trace du passage de Voltaire et de ce fléau qu'on appelle l'esprit d'examen.

Croyez-le bien, Monsieur, ni les mandements des évêques, ni les aménités des journaux catholiques, ni tout votre esprit ne sauraient faire que la révolution accomplie ne demeure accomplie. En vain vous vous ingéniez

> Pour réparer des ans l'irréparable outrage.

Le courant est plus fort que vous, il vous entraîne, le flot ne peut remonter à sa source. Le mal nous ronge dès la racine, nous le respirons avec la vie, c'est l'atmosphère dans laquelle nous vivons, si bien que les virginités catholiques ne peuvent plus guère être que des virginités artificielles et secondaires.

Et ce mal après tout, est moins grand qu'il ne vous plaît à dire. Les confesseurs sont moins occupés, mais il y a moins de bâtards ; il y a moins de communions, mais aussi moins de crimes; la foi diminue, mais les idées morales se répandent; et en masse, cette société indifférente en matière de religion vaut mieux que la cour catholique de Louis XIV courbée sous le fouet d'un maître luxurieux et dévôt. N'allez pas dire que le catholicisme a fait tout cela. Le catholicisme nous a régis en despote pendant huit siècles, et depuis cinquante années les idées de la révolution ont plus fait pour notre bonheur que lui en huit cents ans.

Vous regrettez l'enthousiasme d'où naissent les grandes actions et les grands peuples, et vous proposez à notre admiration O'Connell et Abd-el-Kader. A la bonne heure. Mais n'est-il pas d'autre enthousiasme que le fanatisme religieux qui a versé plus de sang et causé plus de honte et de mal qu'il n'a fait de bien? Que l'ennemi menace la frontière, et toute la nation se lèvera comme un seul homme avec un seul cri : Aux armes. Qu'il nous naise un grand poëte ou un grand orateur, et toute la nation se lèvera pour battre des mains. Car la France est toujours cette Gaule de Caton amoureuse de deux choses par-dessus tout, de la gloire des armes et des belles paroles, *rem militarem et argute loqui.*

Calmez vos inquiétudes et vos terreurs. Laissez passer cette fièvre d'industrie et cette passion de l'utile, premier enivrement d'une liberté conquise d'hier, premier essai des forces colossales que la science nous a révélées et soumises. L'intelligence peut être patiente, elle est éternelle. L'homme finira plutôt que ne sera détruit l'empire inébranlable des idées.

Ne cherchez pas même à donner à notre société le mépris et le dégoût d'elle-même ; car en vérité si elle est moins catholique, elle est peut-être plus véritablement chrétienne que ses évêques.

Quel est le dernier mot de Jésus à ses disciples ? — Aimez-vous les uns les autres.

Quel est le fondement de toute sa doctrine morale?— La charité.

Or, regardez autour de vous, et dites si vous connaissez une époque où la charité ait été pratiquée, je ne dis pas avec plus de zèle, mais surtout avec plus de cette délicatesse qui double le prix du bienfait; où l'aumône soit plus ingénieusement déguisée ; où elle enorgueillisse moins celui qui donne et humilie moins celui qui reçoit. Comment désespérer d'une société qui a ouvert des écoles et des asiles à tous les enfants pauvres, des fourneaux et des ouvroirs à tous les indigens, qui prélève sur ses plaisirs l'impôt des malheureux, qui agrandit et assainit ses hôpitaux, qui a des consolations pour toutes les misères, des secours pour tous les besoins, qui assure le privilége de la liberté à ces noirs auxquels Dieu n'a guère fait que ce don, tant il semble leur avoir envié l'intelligence.

Non, Monsieur, votre examen moral n'était pas complet. Nos jeunes gens ne hantent pas les églises, c'est un tort; ils ne savent ce que c'est qu'œuvres pies, même ils se moquent du mot, c'est un mal; mais faites-leur quelques questions qui ne soient point tournées pour faire rire à leurs dépens :

Croyez vous que c'est un devoir absolu de dire la vérité ?

Oui.

Qu'il est plus noble de pardonner à un ennemi que de s'en venger ?

Oui.

Que plaindre ceux qui souffrent est bien ?
Oui.

Les secourir, mieux encore ?
Oui.

Aller au devant de leurs besoins, chose admirable ?

Oui.

La force fait-elle le droit ?
Non.

L'audace du langage, la vérité ?
Non.

L'éloquence, la raison ?
Non.

Vous le voyez, Monsieur, cet enfant que

vous malmenez à plaisir, peut s'asseoir sans dan-
ger pour le pays à toutes les places où il est ap-
pelé; il porte en lui le culte du vrai, du beau,
du bien, du juste et l'amour de ses semblables. Que faut-il de plus? Livrez vous à toutes
les déclamations qu'il vous plaira ; mais si cet
enfant a une mère chrétienne, si les premiers
regards de son intelligence ont été dirigés sur
l'Évangile, si les premiers mots qu'il a balbu-
tiés sont les termes de cette simple prière :
Notre père qui êtes aux cieux ; il est chrétien,
Monsieur, bon chrétien, quand bien même il
ne croirait pas à l'infaillibilité du pape et à la
sincérité des jésuites.

Or, ces doctrines morales dont vous ne pouvez mettre en doute la pureté, à qui les doit-
il? A cette Université honnie, proscrite, mau-
dite par tous les journaux dits catholiques, et
singulièrement, à l'enseignement philosophi-
que de l'Université. Par malheur, cet enseignement est confié à la direction d'un homme
que nos évêques tiennent pour panthéiste et
athée. Cependant connaissez-vous bien M. Cou-

sin? Quant à moi, j'avoue que je n'ai pas cet honneur, mais j'ai lu ses ouvrages et j'en ai ressenti les vives émotions que produisent de grandes choses enfermées dans de belles paroles. Aussi, d'après ce que j'ai appris de lui dans ses livres ou dans ses discours, je serais tenté de croire une histoire qui m'a été contée. Je ne puis la garantir, ne sachant d'où je la tiens; je ne voudrais point en faire trophée de peur d'être démenti. La voici telle quelle:

M. Cousin, désireux de la paix à tout prix et avec tout le monde, voulant d'ailleurs tenir libre le chemin de la Sorbonne à l'hôtel de la rue Belle-Chasse, a fait très-humblement soumettre ses écrits à notre S. P. le Pape, le suppliant d'indiquer tous les passages qui seraient le moins du monde attentatoires aux dogmes de notre sainte mère l'Eglise, et s'engageant par avance à les effacer sans hésitation et de sa propre main, à défaut de bourreau.

Comprenez-vous bien, Monsieur, toute l'étendue de ce dévouement? En bonne conscience, feriez-vous aussi bon marché de votre logique, de vos pamphlets, de votre esprit? Seriez-vous assez catholique et papiste pour remettre ainsi, pieds et poings liés, les chers fils de vos entrailles à l'arbitraire d'un maître même infaillible? Eh bien! ce que vous ne feriez pas, M. Cousin l'a fait.

Quelle soif de ministère, direz-vous!

Mais, n'importe; la chose est héroïque de soi, laissons là le motif possible, et poursuivons.

Sa Sainteté, alors occupée à refuser des libertés et des chemins de fer à ses humbles sujets, n'eut pas, comme bien vous pensez, le temps de lire des ouvrages qu'elle n'a jamais regardés, et pour ne laisser échapper à sa censure aucune proposition malsonnante, biffa le tout, et mit l'éclectisme à l'index.

Qu'auriez-vous fait, monsieur, à la place de M. Cousin?

Vous avez été le professeur le plus admiré de notre antique Sorbonne. A votre éloquence et à votre talent d'écrivain, vous avez dû la popularité dans un monde d'élite, un siège au

Conseil d'Etat, à l'Académie, au Conseil Royal,
à la Chambre haute ; en vérité, vous ne pouvez, sans ingratitude criante, condamner à la
mort les auteurs de votre illustration, de votre
grandeur, de votre fortune. M. Cousin, quoiqu'il en eût, ne put s'y résoudre, et vous n'o-
seriez l'en blâmer.

De papiste devenu gallican, et tourmenté,
direz-vous, du besoin d'occuper quelqu'un de
lui et de ses œuvres, il les soumit à l'examen de
M. l'archevêque de Paris. C'était, certes, un
acte sincère de foi et d'humilité, sans quoi,
c'eût été un tour d'une habileté diabolique. En
effet, qui fut bien empêché ? — M. l'archevêque de Paris, obligé d'opter entre sa conscience
et son respect pour le Saint-Siége. Il s'en tira
en homme de ressource : par le silence ; et
M Cousin resta chargé de son bagage philo-
sophique ainsi colporté de Paris à Rome et de
Rome à Paris, avec le *veto* de la douane ita-
lienne et la tolérance hostile de l'Eglise de
France.

Ainsi, Monsieur, après avoir eu l'honneur de souffrir un peu pour la philosophie, M. Cousin a eu le bonheur de souffrir encore un peu pour la religion. Victime de son zèle, il est banni de Rome et à grand'peine supporté en France; mais devant ces condamnations, il s'humilie avec quelle componction, quel respect!

Cependant, si cette histoire allait être un conte? Qu'importe si elle n'est pas vraie, elle peut et devrait l'être. Relisez plutôt tout ce que M. Cousin a dit et écrit sur la lutte entre l'Eglise et l'Université. Cela suffit pour prouver que c'est pure calomnie de le présenter comme un homme bilieux, au teint gris, à l'œil ardent de fièvre, à la voix pédantesque, au ton déclamatoire; irritable, turbulent, implacable, vaniteux. A part quelques boutades sans conséquence, c'est un agneau devant toute puissance; et s'il a parfois quelques démangeaisons de despotisme, ce ne peut être, sans doute, qu'envers les malheureux que l'Université soumet à sa férule. Mais, dans les relations politiques, officielles, diplomatiques et ministé-

rielles, c'est un de ces hommes affables, pré-
venants, obséquieux,

Qui de civilités avec tous font combat.

Un bien autre adversaire, c'est M. Dupin. Qui
dit M. Dupin, dit le Gallicanisme fait homme,
de même que M. Cousin est l'Université, M. de
Salvandy n'étant que le grand-maître. M. Dupin a été clerc de procureur, avocat; il est
procureur général. Les lois ont fait sa fortune, la loi est son Dieu. Et il a en vérité bien
raison. Dans notre temps où tout est mis en
question, même la charité des évêques, même
la logique de leurs mandements, même l'ur-
banité de leurs journaux, même l'innocence
des jésuites, même le libéralisme du clergé,
la loi est à peu près, la seule chose qui ait été
respectée de tout le monde, les évêques excep-
tés, comme de droit. M. Dupin ne tient pas à
s'élever bien haut, il lui suffit d'être assis sur
une base inébranlable et il y est : *sub lege liber-
tas* *. Dans cette rigueur et dans cette fer-
meté de l'homme de loi, il y a, convenez-en,

* Devise de M. Dupin aîné.

quelque chose d'invulnérable au sarcasme, et si parfois elle manque de grandeur, cette attitude rappelle souvent avec bonheur la noble résistance de nos vieux parlements que vous ne croyez pas, je le souhaite, aussi ridicules, que vous le dites.

Vous et M. de Bonald assistés de tous ses approbateurs avez mis ce pauvre M. Dupin dans une singulière alternative. A votre gré, c'est un catholique croyant et pratiquant; selon eux, c'est un athée et même un hérétique; canonisé d'un côté, il est anathématisé de l'autre. De grâce, accordez-vous, car avec des recommandations aussi contradictoires il ne peut manquer d'aller sans coup férir en enfer. En attendant les peines éternelles, il a sur vous l'immense avantage de la raison et de la logique. Il n'y a pas de société possible sans lois; toute loi non abrogée doit être observée; les lois donnent au Conseil d'État le droit de réprimande sur les évêques. M. Dupin lit cela dans notre code, il l'écrit, l'imprime et le commente. A cela répondez à votre aise par des mandements et des pamphlets ; entassez les injures, les sarcasmes, l'esprit, la grossiéreté, le ridicule et l'excommunication, chacun selon ses moyens ; M. Dupin a raison, Monsieur, il a raison et il se rit du reste, et il a encore une fois raison.

En somme, les universitaires et les gallicans ont la prétention d'être catholiques ; ils vont même jusqu'à invoquer en leur faveur la logique et la Charte, divinités populaires toutes surprises et flattées de l'encens de MM. les évêques. Que resterait-il donc à opposer à M. Dupin et à M. Cousin si les évêques ne se piquaient aussi de logique et de justice ?

Ainsi vont les choses, M. Cousin et M. de Chartres, M. le cardinal de Bonald et M. Dupin croient avoir raison, et sur ce, ils se disent des vérités ou des injures. Vous croyez avoir raison, et moi aussi, et aussi le public qui rit de nous tous et cependant va où l'appellent ses affaires.

Mais voyons un peu MM. les Évêques de la *province de France.*

MM. les Évêques de France.

Rendez à Dieu ce qui est à Dieu et à César ce qui est à César. *(L'Evangile).*

La calomnie, Monsieur ! Vous ne savez guère ce que vous dédaignez. *(Bazile).*

Donnez-moi trois mots d'un homme et je le ferai pendre. *(Le Cardinal de Richelieu).*

MM. les évêques de France pourraient être les hommes du monde les plus bienveillants et les moins passionnés ; ils pourraient, uniquement attentifs au salut des âmes qui leur sont confiées, borner leur ambition à remonter au ciel d'où ils sont descendus pour notre

édification, entourés d'un cortége de brebis
par eux ramenées au bercail ; le scandale serait à leurs yeux un crime, l'obscurité évan-
gélique une céleste béatitude, Dieu et leur
troupeau leur seul amour et leur unique pensée. Que des prélats si bien faits pour le bonheur du pays croient voir dans nos lois des
entraves à l'exercice de leur saint ministère,
et ce sera plaisir d'étudier pacifiquement avec
eux, à la lumière du bon sens, la législation
qui les régit. Voici d'abord deux principes
qu'ils admettront de grand cœur.

1° L'Église est une puissance absolument
indépendante de l'État dans le domaine spirituel, c'est-à-dire quant à ses dogmes.

2° Les prêtres sont soumis à toutes les lois
de l'État comme citoyens, c'est-à-dire l'Église
est soumise au gouvernement dans toutes les
questions temporelles.

Ces deux principes établissent, d'une part,
l'indépendance imprescriptible de l'intelligence, de la raison, de la foi ; de l'autre ces
libertés gallicanes dont on a fait tant de bruit.

Du premier principe est sorti l'art. 5 de notre dernière charte ; du second, Louis XIV a tiré son édit de 1682, et Napoléon, le Concordat et les Organiques. Une fois retranché l'ordre de croire à la faillibilité du pape et de l'enseigner, ordre tyrannique et illusoire dont personne ne songe à se faire une arme, il ne reste plus dans notre droit ecclésiastique un seul mot qu'un homme de sens en voulût effacer. Alors s'élève la grave question de savoir par qui seront déterminées les limites du temporel et du spirituel.

Les esprits passionnés s'écrient que l'État ne peut le faire sans devenir juge dans sa propre cause. Mais outre que la même objection pouvant être adressée au clergé on a droit de n'en tenir aucun compte, nous savons comment les prêtres entendent la limitation des deux pouvoirs. Il fut un temps où, de fait, ils exerçaient cette autorité souveraine. Alors tout était devenu matière spirituelle : contrats, testaments, droit de succession, jugements de lèse-majesté, tout devait être humblement déféré aux évêques. Telles étaient du moins leurs prétentions à la fin du xviie siècle. Il y a peu d'années encore, ne voulaient-ils pas donner comme crimes extraordinaires les plus minces délits, du moment qu'ils étaient commis dans une église? Voilà donc les bornes qu'ils donnent au pouvoir spirituel quand on les laisse faire; et en vérité, cet envahissement est presque inévitable. Tout évêques qu'ils sont, *ils n'en sont pas moins hommes*, partant, faibles et ambitieux. Or, qui tient en ses mains tous les secrets d'une maison est bien près d'en devenir le tyran; maître de l'âme, on s'empare aisément de l'esprit; on envahit la famille, puis l'État, puis le monde. Progression inévitable, pente irrésistible, ambition secrète ou avouée des Jésuites. Le pouvoir dont il dispose suffit à rendre un mauvais prêtre cent fois plus dangereux qu'un autre scélérat. Le pays où la distinction du spirituel et du temporel serait remise au clergé serait infailliblement une théocratie. Grande joie pour

MM. de Fribourg, nécessité dont s'accommode volontiers leur cupidité; mais de saints évêques ne sauraient partager cet aveuglement.

Voyez au contraire comme l'État est heureusement placé pour fixer lui-même la limite entre les deux pouvoirs. D'abord, il est souverain, puisque c'est à lui, et non point au clergé que la puissance en ce monde a été remise. C'est lui qui fait et promulgue les lois, c'est à lui de les interpréter et de les appliquer. Craignez-vous ses envahissements? Vous savez bien qu'ils sont impossibles, que la force ne peut rien contre la croyance, que s'il est facile au clergé d'empiéter sur le temporel, l'état ne saurait entreprendre sur le spirituel. Injustices, persécutions, supplices, autant de signes de faiblesse du gouvernement, autant d'armes pour la religion opprimée. Que deviendrait une religion naissante sans les persécutions? L'état n'a aucun intérêt à opprimer le clergé, loin de là; combien il profite au clergé de se donner pour victime d'une persécution, chacun le sait. D'ailleurs, si l'état usurpe sur vos pouvoirs, n'avez-vous pas aujourd'hui le droit de pétition qui est presque un droit de remontrance ; un honnête homme ne demande rien à qui accorde ce qui est dû. Qu'une réclamation légitime s'élève de votre camp, combien de bras pour la soutenir, par charité, non, mais pour jeter des bâtons aux jambes de nos ministres ; cette raison vous répond mieux de leur zèle. Enfin, ne dites pas plaisamment ou non, que l'état n'est pas théologien et n'a pas mission pour juger les questions de dogme. A Dieu ne plaise, il vous les abandonne toutes. Mais il a le droit et le devoir de faire exécuter les lois, et sans se préoccuper de dogme ni de théologie, il met le holà toutes les fois qu'il est témoin d'un empiétement sur les droits civils et politiques qui sont les siens. Il ne dit pas aux évêques : Vous devez croire ceci et non cela ; il ne leur dit même pas, voilà ce que vous devez faire, mais uniquement, vous ne devez pas faire cela, parce que cela fait partie du domaine temporel que je connais mieux que vous et que je garde. Son pouvoir est négatif, prohibitif, rien de plus ; il est à la frontière et la défend : Qu'a-t-il besoin de théologie pour cela faire?

Reste encore à régler le mode d'intervention de l'état dans les affaires religieuses.

Doit-on brutalement soumettre les évêques aux rigueurs du Code pénal, comme le proposerait Timon, leur sauveur?

L'état en a le droit. Sachez-lui donc quelque gré d'avoir remplacé une punition infâmante par un simple avertissement parti d'un des corps les plus élevés, cet *appel comme d'abus* qui attire toutes les foudres épiscopales.

Voilà donc en quelques lignes énumérés et justifiés tous ces droits, tous ces privilèges dont on nous étourdit si fort sous les noms de schisme, hérésie, presbytérianisme. C'est simplement le droit par l'état de s'opposer à tout ce qui pourrait troubler l'ordre, garantie du bonheur public, et de surveiller, à l'aide d'un *veto*, la conduite des évêques établis sur le territoire, droit qu'ont réclamé et qu'exercent comme la France tous les états catholiques cités par Timon pour nous faire honte de nos exigences gallicanes. Qu'est-ce donc que cette liberté qu'on nous demande, c'est le pouvoir au clergé d'échapper à l'empire de nos lois, de dire, écrire, et faire sous le nom de choses spirituelles tout ce qu'il lui plaîra, c'est-à-dire la plus entière licence.

Ainsi l'on s'accorderait aisément avec les sages évêques que nous avons supposés et dont en effet nous avons joui quelque temps.

Mais que dire aux évêques de 1845?

En 1626 l'archevêque d'Auch répond à un ordre du Parlement que l'arrêt est *un attentat intolérable contre l'honneur de Dieu et l'autorité de sa majesté, lequel va à la subversion de l'église et de l'état* *.

En 1845 l'archevêque de Lyon écrit à M. le garde des sceaux : *Un appel comme d'abus ne peut même effleurer mon âme.*

---

* De *l'Église catholique et de l'État* par M. Édouard Laboulaye.

Au xviiᵉ siècle on fit lacérer et brûler par le bourreau la réponse de l'archevêque. Par bonheur, nous n'avons plus besoin de ces sévérités. Le bon sens et le bon goût public font justice de l'outrecuidance de M. de Bonald.

Pendant quarante ans, la constitution de l'église gallicane a été acceptée et respectée par le clergé français. En 1812 l'édit de 1682 est déclaré loi de l'empire ; en 1825, dans le célèbre procès de *tendance,* la Cour Royale de Paris juge en conformité ; après une révolution toute démocratique et peu religieuse, le clergé donne pendant dix ans le glorieux exemple de la modération et de la soumission aux lois ; et voilà que tout-à-coup, fier de la considération et du crédit que lui a valu sa sagesse, ivre d'un espoir insensé, il croit qu'il peut tout oser ; le vertige s'empare de lui et, oubliant à quelles conditions il lui a été donné de gouverner en paix, il veut prévaloir sur nos lois. Il était humble et il est audacieux ; juste et il devient le violateur de tout droit : l'esprit de Dieu s'est retiré de lui. Il ne sait plus que cette terre, qui tremble encore, s'est déjà ouverte sous ses pieds et a failli l'engloutir. Il jette loin de lui ses principes d'hier pour aller renouer la chaîne des traditions les plus folles et les plus intolérables. Avec les prétentions des Jésuites, les évêques leur empruntent ces armes que la raillerie de Pascal avait rudement brisées sur leurs épaules. Au mot de passe *grâce efficace*, ils substituent celui de *liberté*, et les voilà, l'étendard au vent, follement engagés dans une croisade inouïe contre toute vérité, tout sens, toute religion.

Voulez-vous un exemple de logique et de raison ?

Prenez la lettre que M. l'évêque de St-Dié adresse à M. Dupin et dont Timon fait trophée, elle est curieuse :

M. le procureur-général.

» Lorsque vous m'avez offert votre Manuel du droit public ecclésiastique français, j'étais loin de soupçonner qu'il contînt des assertions hétérodoxes

5.

et susceptibles de mériter la censure et la condamnation de deux illustres archevêques. »

Qui pourrait imaginer une plus excellente critique de ces dignes prélats? Si le reste de cette lettre avait été perdu, et c'eût été bien dommage pour l'édification des fidèles, vous auriez volontiers pris ce début pour un assentiment affectueux adressé à **M.** Dupin par son meilleur ami. Voyez en effet. Que dit le saint évêque? Je supposais comme eût fait tout homme de bon sens qu'un Manuel de droit n'est rien qu'une collection de lois ordonnées, commentées, appuyées de preuves et d'exemples par un jurisconsulte habile ou non, c'est-à-dire le livre le plus étranger qui se puisse aux dogmes de la religion, comme votre livre avait été jugé vingt années durant, que par conséquent, il n'y avait pas là matière à censures épiscopales, mais uniquement à d'excellentes études pour tous ceux qu'intéressent ces sortes de questions. Voilà ce qu'écrit **M.** de St-Dié, et qui ne partagerait

son opinion même après avoir lu le livre de
M. Dupin? Ce que le sage évêque s'est bien
gardé de faire, comme vous l'allez voir :

Car je vous aurais demandé la permission de ne
point l'accepter.

C'est-à-dire, si j'avais pu prévoir seulement
que ce livre dût encourir le blâme de plusieurs
évêques, je n'aurais voulu le voir de ma vie, je
n'aurais point examiné si des prêtres, mes
égaux en dignité, vos inférieurs en science du
droit, ne se seraient pas mépris sur le sens et
la portée de votre ouvrage. Je me suis donné
de garde de courir en le lisant le risque de me
faire une opinion personnelle et raisonnée. Ils
l'ont lu pour moi ; ils l'ont condamné ; je le
tiens pour impie et presbytérien ni plus, ni
moins que si je le connaissais, et là-dessus je
vais vous donner une petite leçon :

Je regrette sincèrement qu'entraîné par de vieilles idées, etc., etc.

Je vous laisse le soin de lire le reste, où

vous verrez que le Concordat de 1807 est une vieille idée, le Conseil d'Etat et sa juridiction une vieille idée, nos lois de vieilles idées. M. l'évêque oublie, sans doute, que le christianisme a tout à l'heure deux mille ans, et les commandements de Dieu pour le moins quarante siècles.

Voulez-vous avoir idée du respect que les prêtres conservent pour la vérité? Ouvrez les journaux, organes avoués de leurs opinions, lisez même les mandements, et vous vous croirez redescendu au bon temps de la *grâce suffisante* et du *probabilisme*.

Il y aurait à composer un livre assez piquant sous ce titre : ART DES CITATIONS, *à l'usage des clercs*.

On ferait une riche galerie de toutes les pieuses ruses que *l'agneau enseigne à ceux de la société*, pour combattre la vérité et la raison. Ce serait un cours intéressant de diplomatie jésuitique où l'on apprendrait à ne pas dire vrai sans jamais mentir, où les mots changeant de valeur, chaque phrase serait un piège à la bonne foi, une trappe habilement creusée sous l'herbe et la mousse. Que de noms célèbres, que d'illustres exemples à l'appui de ces règles nouvelles, dont l'étude se marierait heureusement à celle du *Compendium !*

Voulez-vous perdre un ennemi de la foi, en principe tous les moyens sont bons ; en voici d'excellents :

Détachez de ses discours ou de ses livres tous les mots malsonnants : *liberté, inceste, rationalisme, adultère, réforme,* etc., etc.; en les plaçant, disposant, combinant avec soin, vous pouvez en faire un petit chef-d'œuvre d'immoralité qui ne sera pas de lui, car ce n'est pas sa pensée, mais qui ne sera pas de vous, car ce seront ses propres mots.

La sainte cause est gagnée, si l'insensé cite un auteur qu'il veuille réfuter. Cette citation est séparée de son texte, isolée, présentée, avec ménagement et sous forme dubitative bien entendu comme une opinion qui lui est propre et personnelle ; analysée, commentée, anathématisée, exorcisée. Colère, foudre, excommunication contre qui, au fond ? contre Platon ou Aristote.

Mais ces détours sont connus dès longtemps et sentent bien quelque peu le mensonge, en voici un tout nouveau destiné sans doute à une grande vogue. La leçon vient de haut, et l'exemple est d'autant plus fâcheux qu'il part, malheureusement, d'un homme élevé en dignité, sérieux, sincère et modéré.

Vous avez à prouver que l'Université professe ouvertement l'athéisme. Démonstration importante, capitale et pour laquelle on donnerait beaucoup ; mais, les preuves font défaut, et depuis les Provinciales on ne veut plus vous croire que sur bon garant, encore demanderait-on plutôt deux preuves qu'une.

Cependant prenez le premier livre venu d'un professeur universitaire, à défaut même, pre-

nez simplement un compte-rendu de son cours;
on ne saurait donner trop de facilités aux amis
de la bonne cause, et vous aurez bien du malheur si vous n'en pouvez faire ce qui a été fait
d'une leçon de M. Garnier [*].

Vous rencontrez ce paragraphe :

L'homme, en suivant la loi de son développement, traverse tous les degrés de la création et parcourt toute l'échelle des êtres. Du rang de simple
minéral, il arrive à la dignité d'être moral et religieux. Sans nous occuper ici de savoir à quel moment l'âme se joint au corps, soit qu'elle l'anime
seulement à l'époque de sa naissance, soit qu'elle
préexiste à la réunion des éléments corporels,
qu'elle travaille sans conscience à l'organisation de
la matière et qu'elle se construise comme le disait
un philosophe de la renaissance, un instrument propre à l'usage qu'elle en veut faire, *instrumentum
suis usibus aptum,* ce qui est l'homme aujourd'hui
n'a été d'abord en partie qu'une certaine quantité
d'éléments minéraux.

Supprimez, je vous prie, toute la phrase

* Voir *Réponse au Mémoire de M. l'archevêque
de Paris, par M. Adolphe Garnier.*

sur l'âme, qui gâterait quelque chose à l'affaire, et imprimez :

L'homme en suivant la loi de son développement, traverse tous les degrés de la création et parcourt toute l'échelle des êtres. Du rang de simple minéral, il arrive à la dignité d'être moral et religieux... Ce qui est l'homme n'a été d'abord en partie qu'une certaine quantité d'éléments minéraux.

Vous donneriez beaucoup pour pouvoir supprimer cet *en partie*, et moi donc.

Mais n'allez pas oublier les points. Passer une phrase et ne pas l'indiquer, c'est un mensonge, péché mortel, c'est dénaturer la pensée, c'est un crime. Les points une fois intercalés, tout est fait, ajoutez doucereusement quelque chose d'approchant :

Nous ne ferons pas remarquer qu'un grossier athéisme affirme aussi que l'homme a commencé par être minéral, puisque le professeur repousse formellement l'athéisme.

Et il faudrait être bien malhabile pour ne pas en venir bientôt à quelque conclusion foudroyante sur ce modèle :

Lorsqu'ensuite on vient protester qu'on n'est point contraire à la révélation et qu'on est en parfait accord avec les évêques sur la morale naturelle telle que la conçoit l'honorable professeur, ne sommes-nous pas dispensés de discuter de semblables assertions?

Voyez que de chemin en peu de temps. On part d'une phrase dont l'orthodoxie est irréprochable, on la rogne, on la juge, et voici qu'en fin de compte, il sort de tout cela une censure en forme contre l'Université qu'on ne daigne même pas juger. Mais une réussite si hors d'exemple, n'est possible qu'à une condition : n'oubliez pas les points, ou je vous renie.

Je serais curieux d'avoir sur cette méthode nouvelle l'opinion des RR. PP. Sanchez, Garasse et Escobar.

Cependant, M. de Chartres s'agite bruyamment sur son siége épiscopal; héritier de l'éloquence de la Sainte-Ligue, il écume, il tempête, il tonne. Ce que voyant, sa bonne ville de Chartres ne s'en émeut, et se tournant à ses affaires, renvoie Son Excellence aux facéties de l'*âne qui vielle*.

Cependant, M. de Bonald écrit à M. le garde-des-sceaux :

Ce que je soutiendrai, c'est qu'un évêque doit repousser une opinion théologique, par cela seul que l'autorité temporelle a la prétention de la lui imposer.

Preuve étrange, je ne dirai pas d'humilité chrétienne, mais simplement de bon sens. Que l'autorité temporelle s'avise, pour voir, d'imposer à M. de Bonald cette opinion, que Dieu est infiniment bon et infiniment intelligent, et que M. de Bonald en tant qu'archevêque est le représentant de l'infinie bonté et de l'intelligence infinie ; sans répit, le cardinal montant en chaire, repousse cette hérésie tyrannique, et proclame tout au contraire que M. l'archevêque de Lyon..... mais je ne puis y donner les mains.

Et M. de Toulouse, qui fait l'apologie des Jésuites.

Et **M.** de Langres qui se pique au jeu et les soulève contre l'observation de nos lois.

C'est un *crescendo* indéfini des paroles les plus étranges, c'est une course au clocher; mais, comme dirait Bazile, *après le fossé.....*

Tel est le clergé que nous trouvons aujourd'hui en France. Nulle dignité, nulle mesure, l'oubli de toute convenance, de toute vérité, de toute justice. Que de passions mauvaises servies par combien de pitoyables instruments.

Et l'État n'aurait pas le droit de faire à un semblable clergé les remontrances qu'il aurait dû adresser à des prêtres mieux pénétrés de leurs devoirs? En vérité, l'on en viendrait presque à demander à nos lois des armes nouvelles, puisque le cœur des évêques s'est endurci contre les arrêts du conseil d'état. Sans doute, il faudrait à cette juridiction quelque bonne sanction positive pour pénétrer jusqu'à ces âmes d'élite toutes confites en dévotion. De pareilles réprimandes sont bonnes au plus pour des députés, hommes sans foi et sans piété que touche un rappel à l'ordre. Il convient aux chefs moraux de l'église de rester cuirassés d'une indifférence superbe contre les atteintes morales d'un appel comme d'abus.

Mais il est un autre tribunal, où ils ne sont pas épargnés, c'est le tribunal de l'opinion publique.

Ils l'ont prévu, et à cet effet ils ont tiré de leur antique arsenal une arme nouvelle. Ils ont voulu corrompre leurs juges. *Quand une fois on a trouvé le moyen de prendre la multitude par l'appât de la liberté, elle suit en aveugle pourvu qu'elle en entende seulement le nom.* Cet appât ils nous l'ont jeté, ils ont crié liberté à tous nos échos mais l'écho seul leur a répondu.

C'est qu'aujourd'hui le peuple est bien guéri de la liberté, depuis qu'il sait ce qu'entendent par là nos démocrates de la borne, nos sophistes de barricade. Ce seul mot fait fermer ses boutiques, baisser ses fonds, casser ses réverbères, trembler sa femme et pleurer ses enfants. La liberté comme on nous la veut faire, c'est Jupiter chez Sémélé, un Dieu, mais un Dieu qui apporte la mort. Qui vous reconnaîtrait à ce signe, sainte sœur de l'Intelligence et de la Vérité qui ne daignez vous asseoir qu'au foyer d'un peuple sur lequel vous regniez toutes trois ensemble ?

Défions-nous donc de cette furie qui a l'écume à la bouche et la foudre à la main. Cette liberté s'appelle la guerre civile ; derrière elle je vois le despotisme père de l'égalité, l'égalité d'humiliation et de bassesse. Ils le savent bien, car voyez, ils crient liberté et cependant relèvent, protègent, admirent les jésuites et les dominicains, Ravaillac et l'Inquisition; ils crient liberté, mais on criait charité, tolérance, à la veille de la Saint-Barthélemy.

Quelques-uns vont plus loin; ils définissent leur liberté :

C'est le droit de recevoir et de donner comme autorités toutes puissantes les bulles du pape sans les soumettre à vérification.

Or, vers 1658 une bulle faisait relever du pape tout pouvoir et toute dignité; en 1814 une bulle prêchait contre la France cette funeste croisade qui a conduit les cosaques à Paris.

— C'est encore le droit de dire et de faire toutes choses sans que l'État puisse les blâmer en quoi que ce soit.

— C'est-à-dire, la permision de censurer à leur gré toutes nos lois et toutes nos institutions. Que demain il prenne fantaisie à un journaliste de crier sur les toits que les lois de septembre sont un baillon à l'intelligence, des menottes à la pensée, ou bien que les fortifications sont une arme pour le despotisme, et de meilleures raisons que les vôtres ne lui manqueront pas pour appuyer son dire; voilà selon vous la liberté?

Non, Messieurs, voilà la licence, voilà la guerre civile, voilà la ruine du pays.

La liberté veut plus de ménagements, elle ne se laisse plus prendre par force ni par rage mais par patience et longueur de temps.

Encore une fois, que le clergé n'invoque plus ce nom, qu'il ne prétende plus que c'est la liberté qu'il veut ; il ferait dire de lui comme Virginie, d'Appius :

Il ment ! il ment ! il ment !

IV.

A tout le monde.

Timon a vu que si les évêques sont armés de résolution, de colère et d'injustice, la raison et l'esprit leur font complétement défaut ; trouvant d'ailleurs fermé le champ-clos de la politique, il a voulu amener dans leur camp une nouvelle recrue.

C'est une œuvre charitable, mais dont ils ne pourront le payer en même monnaie. Et puis si l'on allait, bien à tort selon moi, lui appliquer le proverbe : *qui se ressemble...*

Il a cru ou voulu voir en eux des opprimés, des victimes, supposant que ceux qui crient le plus fort sont les plus malmenés.

Mais quelle école, bon Dieu, s'il avait pris le loup pour un agneau, le bourreau pour un martyr !

Il a eu peur d'une levée de boucliers philosophiques contre le christianisme, et il a prêché la croisade.

Rêve pieux, sainte hallucination, rien de plus.

Il a dressé l'oreille au cri de liberté.

Mais en cela encore, il a manqué de pénétration, n'ayant pas vu que ce mot est un passe-port et un beau masque à une laide chose.

Il a fait au besoin d'occuper le public et au plaisir de dire quelques bons mots le sacrifice d'une popularité honorable et d'une élection dont le regret se trahit sous son superbe dédain.

Et il a eu tort une dernière fois ; car pour le coup, candidat éconduit, il n'aura pas su mettre de son côté les rieurs, parti égoïste et indifférent qui n'applaudit qu'au succès.

En échange de tant de sacrifices, que vous

reviendra-t-til ? un peu d'encens clérical, les admirations ignorantes ou hypocrites de la sacristie, un jour peut-être, la canonisation. Tout cela ne valait pas la peine de vous faire dire :

Allez, vous n'êtes plus Timon, spirituel champion de la logique et de la vérité.

Oui et Non vous a rendu votre particule nobiliaire. Salut M. de Cormenin.

Feu, Feu vous rend vos antiques parchemins de 1826. Salut, M. le vicomte.

Allez et prêchez dans le désert.

Prenez garde, toutefois, l'esprit de charité épiscopale s'empare déjà de vous. Vous faites une mauvaise action en ravalant à plaisir cette société française dont vous êtes membre et dont les applaudissements chatouillent votre orgueil.

Au contraire de vous, je me ferais un devoir de la relever dans son opinion, je voudrais exalter en elle le sentiment de sa dignité et de sa grandeur. C'est le bon moyen pour lui faire honte de ses petitesses et l'en corriger, au lieu de l'avilir à ses propres yeux, méthode funeste qui, inspirant le désespoir du mieux, conduit bientôt à l'indifférence et à l'abrutissement.

Que les principes moraux se soient épurés et répandus, le nier, ce serait nier la lumière. Si vous vous rejetez sur l'irréligion je vous renverrai à La Bruyère, vous y verrez qu'il n'est pas un de ces griefs qui ne remonte bien haut, et que le xviie siècle en aurait encore remontré au nôtre en fait de scandale et d'impiété.

D'ailleurs, il n'est pas de société si bien ordonnée qu'elle soit, qui ne paraisse détestable, quand l'on se plaît à en rapprocher l'Eldorado que chacun pare à sa fantaisie, ou le tableau des siècles passés, tableau ordonné, composé par les historiens, où les détails se perdent dans l'ensemble, auquel le temps a donné son vernis et son prestige. Au lieu de vous enfermer volontairement et de profession dans une analyse maligne des individus, élevez-vous, embrassez l'ensemble du spectacle. L'intelligence grandit, la morale s'épure, la religion se répand. Il faudrait plus que de l'esprit pour prouver le contraire et plus que de la folie pour le croire.

Si quelqu'un semble prendre à tâche d'entraver cette marche progressive pour nous ramener au bon temps de la grâce et des Dragonnades, sans contredit, c'est le clergé.

Habilement et modestement, ils ont commencé par des escarmouches contre les individus ; l'Etat a eu la faiblesse de les leur abandonner.

Enhardis par le succès, ils se sont attaqués à un corps éclairé, honorable et à ses principes ; l'Etat ne souffle mot ; quoiqu'on l'en presse humblement d'abord, vivement par impatience,

Le bon sire le souffre et se tient toujours coi.

Aussi voyez maintenant, c'est l'Etat, ce sont nos lois, nos droits qui sont mis en question, poursuivis, traqués, bloqués, sans détour, ouvertement, avec audace, ensemble et persistance. Hier, ils excusaient les Jésuites, aujourd'hui, ils les justifient ; demain, ils les encenseront.

Mais par bonheur, Messieurs, en vain vous vous agitez et vous démenez, le peuple est sourd à vos cris, d'instinct il a peur de vos robes noires, il demeure impassible et froid à vos déclamations, il ne veut pas suivre des guides qui promettent la liberté et tournent le dos à la lumière.

Serait-ce donc que tant et de si étranges entreprises contre la chose publique doivent tourner à la confusion de leurs auteurs ?

Pour moi, je crains fort qu'elles n'aillent même jusqu'à porter préjudice à la religion qu'on rabaisse à plaisir, en la mettant au service de passions coupables. Puissante et éternelle par sa morale qui est divine, la religion est faible par son culte qui est d'institution humaine et a déjà été éprouvé par plus d'une tempête. Que de mal peut lui causer le spectacle des tristes extrémités où en sont venus les plus élevés de ses représentants. Il n'est pas même besoin de chercher à les comprendre, il suffit de les lire pour les juger : Hercule, tu prends ta massue, c'est que tu as tort ; jamais la raison n'emprunta au sophisme ses mensonges, à la colère son fiel et ses injures.

Ils sont fiers de se retrancher derrière le crédit dont ils jouissent, et ils ne voient pas que cette influence conquise par la prudence et la modération va s'évanouir avec les vertus qui l'ont créée. Que d'âmes douloureusement froissées par tout ce scandale ! Que de cœurs à demi ouverts aux inspirations religieuses se sont fermés sans retour, au premier souffle de cette tempête !

Vous avez détruit en un jour plus que l'œuvre de ces dix dernières années. Il vous faudra du temps pour regagner tout ce que vous venez de perdre.

Il y a dans la dernière brochure de M. de Cormenin quelques pages pleines d'une haute raison sur les limites de votre pouvoir ; c'est sans doute la partie de son livre que vous approuverez le moins, car c'est la plus raisonnable. Cependant, croyez-moi, Messieurs, lisez la, méditez la et faites en votre profit. C'est le meilleur service que puisse vous rendre cet homme d'esprit et de sens auquel nous voulons adresser nos derniers éloges comme nous avons fait nos premières critiques.

Que ne s'en est-il tenu à ces quelques pages ; il eût épargné à vous combien de fautes, à nous combien de mandements et de tracas.

FIN.